SENTIMENTAL

EUCANAÃ FERRAZ

Sentimental
Poemas

1ª reimpressão

COMPANHIA DAS LETRAS

Copyright © 2012 by Eucanaã Ferraz

Grafia atualizada segundo o Acordo Ortográfico da Língua Portuguesa de 1990, que entrou em vigor no Brasil em 2009.

Capa
Kiko Farkas/ Máquina Estúdio

Preparação
Márcia Copola

Revisão
Jane Pessoa
Luciana Baraldi

Dados Internacionais de Catalogação na Publicação (CIP)
(Câmara Brasileira do Livro, SP, Brasil)

Ferraz, Eucanaã
    Sentimental : poemas / Eucanaã Ferraz. — 1ª ed. —
São Paulo : Companhia das Letras, 2012.

ISBN 978-85-359-2167-0

1. Poesia brasileira I. Título.

12-10534   CDD-869.91

Índice para catálogo sistemático:
1. Poesia : Literatura brasileira 869.91

[2021]
Todos os direitos desta edição reservados à
EDITORA SCHWARCZ S.A.
Rua Bandeira Paulista, 702, cj. 32
04532-002 — São Paulo — SP
Telefone (11) 3707-3500
www.companhiadasletras.com.br
www.blogdacompanhia.com.br
facebook.com/companhiadasletras
instagram.com/companhiadasletras
twitter.com/cialetras

Sumário

O coração, 9
Exceto o que trazemos em nós, 10
Vem, 11
Times Old Roman, 14
Uma gaivota viesse, 15
Recebei as nossas homenagens, 16
Quem roubou o rubi do chapéu do mandarim?, 17
Papel tesoura e cola, 19
Sob a luz feroz do teu rosto, 20
Explicação de Miguel de José de João, 22
Love me tender (encomenda para Mrs. Cloutman), 23
Da vista e do visto, 24
Melancolia, 25
Graça e sempre, 26
Chirapa, 27
El laberinto de la soledad, 28
A beleza é uma ferida que nos atinge, 31
Comparações florísticas, 32
Bravo herói de nossa gente, 33
Sangue do meu sangue, 35
Sophia de Mello Breyner Andresen, 36
Vida e obra, 37
Dizer adeus amigo, 38
Oboé, 39
Qual era o nome, 40
O círculo negro, 43

E um curso d'água, 45
Victor talking machine, 46
Gaku Tada, 47
Enterrem os sinos, 48
Dance, 50
Leia abaixo um dos poemas, 52
Exorbitar amontoar, 53
Senhor Capitão, 54
Mixed media, 55
Sou eu, me deixa entrar, 56
Só faço verso bem-feito, 59
Últimas novidades, 62
Talvez hoje, 64
Pílades e Orestes, 65
Por enquanto, 66
Correspondência completa, 67
Les romanciers étrangers, 68
Romântica, 70
O rigor da simetria, 72
Naquele instante, 73
Tão bonita, 74
Paisagem de Olinda, 75
Acima de tudo o boi, 77
Boi de outro modo, 80
Vai se chamar alegria, 82
Turístico de Lisboa, 83
Muda-se o Carlos Mendes de Sousa, 85
À moda Lina, 86
Nuvens cobrem a cidade de São Paulo, 87
Imagens de urubu, 90
Tudo vai terminar bem, 91

SENTIMENTAL

O coração

Quase só músculo a carne dura.
É preciso morder com força.

Exceto o que trazemos em nós

Tentou adivinhar a aurora esmiuçando
o intestino mínimo das aves, buscou-a
no fundo das xícaras porque soube que
boiava na borra do café um sentido

qualquer; olhos fechados para a evidência,
quis entender aquilo que se recusava
a seu alcance; mas agora nada disso
interessa; já não crê em Deus

e desacreditou dos deuses; danem-se
o marxismo, a psicanálise e outros
serviços de atendimento ao consumidor.
Acredita em Madame Thalita.

Por que não acreditaria? Resta lembrar
onde pôs o número do telefone
de Madame Thalita, que garante trazer
a pessoa amada em apenas três dias;

quatro mil trezentos e vinte minutos,
é muito. Se Madame Thalita traz os dias
de volta? Nem ela nem ninguém; melhor
assim, o tempo e nenhum mistério.

Vem

Porque os dias quebravam contra sua cara, porque
trocara as horas por nada, quis o espinho extremo;
mas, sobre encontrá-lo, ninguém, nada respondia.
Saberia reconhecê-lo em meio a tudo? Algum sinal?
Um cisne gravado na testa? Talvez

bastasse, à distância, atentar nos modos de dobrar
ou desfazer frases um lenço quem sabe, no levar
água à boca, moeda à bolsa, banal, vislumbrasse
um rastro, mesmo sem saber agora, não saberia
nunca?, o que faria do acaso o certo, até que

se manifestasse numa forma inadiável e porque seria
assim avistaria na matéria mínima a sua fábrica,
o fogo que sobreviria contra a indiferença dos dias;
mas as ruas são compridas, era preciso estar mais perto
para perceber; e logo baralhava unhas vozes cabelos

à maneira de uma teia aos pedaços que o fazia adolescente
como um pombo tonto; mesmo sem vestígios, farejava;
o que as costelas dos viadutos escondiam? Ruas becos
subiam-lhe à boca enchendo-o de inocência e desejo;
envenenara-se com o anseio de que a cidade desaguasse

em alguém, não fosse tão só pedras de seus olhos
se ferirem; mais seguro era cegar as vontades; cerrados
os olhos calariam o teatro excessivo dos gestos; talvez
dormisse, mas a insônia vinha branca ácida alta.
Houve uma vez um comandante prussiano

recostado fundo na poltrona cavando com as esporas
de sua bota o mármore da lareira, lembrava,
era mais fácil deixar a solidão crescer no vento
vir ao quadril, lembrava do conto enquanto seus olhos
erravam, esperança em pelo, juízo em vão, fome

de um relance, um fio. Suave, se ainda soubesse, era
beber sem supor alguém após o drinque, gastar-se só,
sem presumir um abraço à saída do cinema, à saída
de sábado, mas ele sacrificaria qualquer ponderação
para persistir no engano de seguir à própria sorte

por mundos que semelhavam estacionamentos
abarrotados de frases moles *blogs* celulares
fazer amigos impressionar pessoas dicionários
como se fósforos para queimar o tempo o tédio,
saudade de quando não vagava devastado pela

espera, pela espora, dizia o conto, de uma lâmpada
após o labirinto, por aquela presença tão só pressentida
mas que talvez por adivinhada ardia ainda mais; tudo
(um exagero) escarnecia dele, sequioso de que regressasse
quem nem mesmo houvera, Ulisses ou o filho pródigo

caminhando sobre o mar etílico, turbulento. Canções
de amor foram o seu veneno, todas à roda da mesma
víscera, da mesma válvula sentimental, podia senti-la
sem amores nem romances, sangue e bomba só,
como no peito de um bicho que é apenas isso.

Então, exausto, sem nenhum grito, deitou-se sobre
a pedra escura da rua ou da escarpa mais alta da lua
mais miserável e suja e esteve ali, parado, manso,
sem que nada pedisse ao tempo ou pretendesse.
E era só uma noite entre as noites, quando despertou

agitado, deve ter sido assim, pela visão de uns lábios,
vinham acesos, na direção
dos seus.

Times Old Roman

Quer que o diga, não o digo,

o teu nome já não brilha
não o digo sob as cinzas

de janeiros muito antigos
mal respira nos escombros

desse breve apartamento
o teu nome quem diria

não é coisa que se diga
som de um som que

se partira não insista
já não tento já não posso

é simples o que te digo
e te digo sem remorso

calmamente sim repito
sem espanto não o digo

nenhuma pedra se move
rio seco letra morta.

Uma gaivota viesse

O amigo, em Lisboa, pergunta o que quero de Lisboa;
nada, respondo, não quero senão o que não vem nos postais
mais um ou dois postais de lugares onde nunca fui feliz

e, ainda assim, agora e sempre, eu quis, não quero, Alberto,
de Lisboa senão o que ela não dá, o que ela guarda e é preciso
roubar, a secreta alegria que não cabe nos guias de turismo,

quero isso, mais uma ou duas coisas que vêm nos guias de turismo.
Vê esses rapazes e moças de olhos azuis? São holandeses.
Esses deuses e essas flores azuis? São azulejos. Como trazê-los?

De nada valem os antiquários; quando voltamos de Lisboa, tudo
o que trazemos, percebemos, está partido, por isso, Alberto,
não vale a pena trazer nada, que daí só trazemos, sem dar conta,

o que nos parte,
o que nos corta,
mal fechamos a mala, mal abrimos a porta.

Recebei as nossas homenagens

Único homem acordado nesta noite, o apartamento
apertado parece imenso; vagueio desacordado de tudo
e sobretudo em desacordo comigo, único homem
acordado no mundo; o teatro estreito assim vazio

parece largo, perambulo absoluto, príncipe estragado;
não dormir é meu palácio; a Dinamarca, diminuta,
parece dilatar-se enquanto palmilho o ar do quarto.
Vem o dia, e o fantasma de meu pai não me aparece.

Quem roubou o rubi do chapéu do mandarim?

Disposto a versos, olhar de peixe
torto, arrisca à queima-roupa:
moça tão linda, mais linda se nua,
se fores minha, a lua há de ser tua.
A cuja recusa, não quer ser musa
e sai pisando mundos.

Na caixa, o velho chinês,
imperador de Mesquita e Pequim,
grita coisas em sua língua *kung fu*
enquanto espelho copos fumaça
tudo abate e rebaixa o homem só.
O garçom se aproxima: aquela

loura magricela sobrancelhas pretas
é feiticeira
transforma os sujeitos em sardinhas
e vende fritos na feira.
O homem só olhos arregala o susto
enquanto o garçom dentes enigmáticos

mostra na confusão engordurada
dos cartazes:
fiado e amor só amanhã.
Dentre o bando de coitados,
bem-aventurados os bem-aventurados
grita um doido filósofo

dentro de sua gravata vermelha, mas
o outro, o cavalheiro de cabeleira branca,
sente-se desgraçado como só pode
alguém com a esperança
de ser o mais infeliz de todos,
promete. Andar de peixe torto,

ganha a rua acelera o passo vai
aos pedaços até sumir
entre os carros
e restar, vista
do alto,

a Muralha da China.

Papel tesoura e cola

Dia de verão na Vista Chinesa. Eu, sozinho,
era um mandarim frio; mas vendo tudo

do alto, tomado pela beleza, achei que
em meu coração a tristeza era mesquinha;

pensar em mim e em você me pareceu avareza,
tendo em vista que nós somos bem menores

vistos do Alto da Boa Vista. Janeiro bicicletas
bem-te-vis entraram pelos meus olhos

abrindo em cheio meu peito; que sombra
demoraria à luz de tantas lanternas?

Mesmo a noite mais profunda logo se incendiara
e, decerto, morreríamos só depois da madrugada.

Era uma tarde chinesa, tarde de mim sem você,
quando vi que nós dois juntos não valíamos

a cena.

Sob a luz feroz do teu rosto

Amar um leão usa-se pouco,
porque não pode afagá-lo
o nosso desejo de afagá-lo,

como tantas vezes cão ou gato
aceitam-nos a mão a deslizar
sobre seu pelo;

amar um leão não se devia,
agora que já não somos divinos,
quando a flauta que tudo

encantaria, gentes animais
pedras, nós a quebramos contra
a ventania; amar

um leão é só distância: tê-lo ao lado,
não poder beijá-lo, o deserto
que habita em torno dele;

era mais certo amar um barco,
era mais fácil amar um cavalo;
amar um leão é não poder amá-lo;

e nada que façamos adoça
o que nele nos ameaça se
amar um leão nos acontece:

à visão de nosso coração
ofertado, tudo nele se eriça,
seu desprezo cresce;

amar um leão, se nos matasse;
se nos matasse o leão que amamos
seria a dor maior, mais que esperada:

presas patas fúria cravadas em nossa carne;
mas o leão, que amamos,
não nos mata.

Explicação de Miguel de José de João

O viúvo pensa que o mundo não passa de um tolo
absurdo, ele é o homem mais triste do mundo, seu
espinho é o mais fundo e tudo é prenúncio da morte,
de seu triunfo. Uma palavra antiga, lembra: infortúnio.

Entre ele, pensa, e tudo em volta haverá para sempre
um muro e depois do muro o que houver há de ser
fútil; onde está é o certo, no escuro. Uma lembrança
flutua sobre o tumulto. Talvez nem seja exatamente

pensamento o que pensa se o que pensa, parado,
não vasculha coisa alguma que não o próprio soluço
e toda perspectiva, num instante, coagula-se. Ter vivido,
pesa, não foi senão preâmbulo de sua condição viúva.

Convulsa, jejua, recapitula, murcha; perscruta
as variações mínimas do vazio, quando uns pontos
claros que se desenham sobre o fundo de seu luto
parecem vagos turvos como o passado vistos

dali, do seu pensamento, que sobre a dor e doer
se debruça. O mundo é um espinho absurdo,
cada coisa. Quer morrer; por um minuto, não
pensa.

Love me tender (encomenda para Mrs. Cloutman)

Jaqueta de couro topete costeletas
canta e fala como no show de 68 na TV;
topete jaqueta costeletas sincroniza olhos
boca e o modo karaokê

para cantar com você depois de
uma vida inteira cantando para você;
olhos azuis costeletas na jaqueta
sensores infravermelhos detectam, ve-

ja, qualquer movimento e dizem coisas
como *bring it on back now!* Vem
com controle remoto microfone
e não chora não morre nem.

Da vista e do visto

Mais uma vez é maio; não o levaste contigo;
horas se escrevem hoje com o lápis de sempre,
ultramar e um tanto adolescente; não o levaste,
maio, mês de meu aniversário, quando a melancolia
é menos nítida que a linha dos morros e dos edifícios;

vento sol amendoeiras, é como te digo, não levaste
maio e mesmo os meus olhos estão aqui, comigo; algo,
porém, sei que se foi contigo; que coisa era, não sei,
e, ainda que pequena, faz falta, era minha; coincidência
ou não, procuro e não encontro a minha antiga alegria.

Melancolia

Uma cópia do nosso quarto, cada coisa, e pedaços da paisagem lá fora;
não se trata de dor ou desespero, é apenas a cópia da minha alegria;
uma cópia das suas mãos abertas, paradas, uma cópia do seu carinho,
uma cópia dos seus olhos, uma cópia idêntica do seu modo de olhar,
em preto e branco, cópias das tardes que hoje eram sempre a luz,
como tangerinas, das noites em que parece arder um metal diferente,
sua voz, o cabelo, uma festa, a cópia do seu colar, da sua lágrima,
uns amigos, você sorri; não são a dor ou o desespero, são só as ruas,
cópias das ruas, milhões, que deslizam e não dependem
de nós.

Todos estão cegos. Todos estão loucos. Todos estão mortos.
Deuses habilidade súplica suborno não têm nenhum poder
e nos lançamos ao destino, ao veredito da sorte, às leis do acúmulo,
rios hotéis *palaces* suítes, reproduções disso e daquilo, do que
não vemos nem saberemos, imagens não me sirvam de consolo
mas quando sejam o horror guardem ainda alguma beleza, a cópia
da beleza de quando éramos nós dois e o mundo; não é o fim,
é o dedo de ninguém sobre a tecla que nos copia, somos nós
sem nós em cópias, à perfeita e sem fim ilusão, à perfeição
da vertigem.

Graça e sempre

Um, a ideia o deu;
dois, algum esforço,
e ainda outro;
é neste verso, o quarto, que ela chega

e interrompe,
quando a melancolia maquinava um daqueles poemas,
mas a grande obra toda se desfez na luz repentina que
me sorria.

Chirapa

Em Pampa Hermosa, só a velha Natalia Sangana
ainda falava chamicuro. Filhos, netos, seu povo,
tudo o que era novo até os pássaros
falavam espanhol.

Nenhuma solidão era maior que a de Natalia Sangana, viúva
de tudo. Filhos, netos, gente que chegava,
criaram mesmo outros deuses, a que deram um só nome:
Dios.

El laberinto de la soledad

Yuri viu que a Terra é azul e disse a Terra é azul.
Depois disso, ao ver que a folha era verde disse
a folha é verde, via que a água era transparente

e dizia a água é transparente via a chuva que caía
e dizia a chuva está caindo via que a noite surgia
e dizia lá vem a noite, por isso uns amigos diziam

que Yuri era só obviedades enquanto outros
atestavam que tolo se limitava a tautologias
e inimigos juravam que Yuri era um idiota

que se comovia mais que o esperado; chorava
nos museus, teatros, diante da televisão, alguém
varrendo a manhã, cafés vazios no fim da noite,

sacos de carvão; a neve caindo, dizia é branca
a neve e chorava; se estava triste, se alegre,
essa mágoa; mas ria se via um besouro dizia

um besouro e ria; vizinhos e cunhados decretaram:
o homem estava doido; mas sua mulher assegurava
que ele apenas voltara sentimental. O astronauta

lacrimoso sentia o peito tangido de amor total
ao ver as filhas brincando de passar anel
e de melancolia ao deparar com antigas fotos

de Klushino, não aquela dos livros, estufada
de pendões e medalhas, mas sua aldeia menina,
dos carpinteiros, das luas e lobisomens,

de seu tio Pavel, de sua mãe, do trem,
de seus primos, coisas assim, luvas velhas,
furadas, que servem somente para fazer chorar.

Era constrangedor o modo como os olhos
de Yuri pareciam transpassar as paredes
nas reuniões de trabalho, nas solenidades,

nas discussões das metas para o próximo ano
e no instante seguinte podiam se encher de água
e os dentes ficavam quase azuis de um sorriso

inexplicável; um velho general, ironicamente
ou não, afirmara em relatório oficial que Yuri
Gagarin vinha sofrendo de uma ternura

devastadora; sabe-se lá o que isso significava,
mas parecia que era exatamente isso, porque
o herói não voltou místico ou religioso, ficou

doce, e podia dizer eu amo você com a facilidade
de um pequeno-burguês, conforme sentença
do Partido a portas fechadas. Certo dia, contam,

caiu aos pés de Octavio Paz; descuidado, tropeçara
de paixão pelas telas cubistas degeneradas de Picasso.
Médicos recomendaram vodca, férias, Marx,

barbitúricos; o pobre-diabo fez de tudo
para ser igual a todo mundo; mas,
quando parecia apenas banal, logo dizia coisas

como a leveza é leve. Desde o início,
quiseram calá-lo; uma pena; Yuri voltou vivo
e não nos contou como é a morte.

A beleza é uma ferida que nos atinge

Ignoro como a irrisória aranha de Gullar,
fincada num verso de *Em alguma parte
alguma*, veio dar aqui no poema
de Alberto Martins.

Não posso dizer que veio em carne
e osso, não ouso dizer que veio
em alma e corpo, mas era matéria
o bastante para uma página contra

a outra esmagá-la, fazê-la assim,
imortalizada num livro e morta
no outro, sem que eu, a testemunha,
saiba, digamos, interpretá-la.

Comparações florísticas

Vai o homem no centro do dia;
a hora é um enxame de rosas
que se vão queimando em volta
dele; ele não percebe ou

mal percebe as madressilvas
que brotam do chão sob
seu passo duro rápido;
caminha como um lírio

caminha, num desprezo
absurdamente nobre, esnobe,
alguém diria, ele não percebe
ou mal percebe o mal que

espalha, o céu que espalha,
o azul do mel a persegui-lo
no dorso de uma abelha;
ou talvez perceba tudo

as águas nas bocas-de-leão
lianas violetas que morrem
de delicadeza só em vê-lo
Anthurium magnificum.

Bravo herói de nossa gente

Que o homem no seu cavalo
cavalga no sol, parado.

Onde a deusa de cem bocas,
hoje silêncio de moscas.

Nem tubas nem galardões.
São seis da tarde no Centro.

A fronte já não se cobre
de lauréis. Tudo azinhavre.

Nem sangue não se adivinha
na sua espada sem fio.

É verão, tudo tem pressa,
mas o homem, seu cavalo,

crina e rabo sossegados.
Até mesmo carrapatos

são de bronze se lhes tocam,
são medalhas, não há pressa.

Cavalgam no meio da praça
em coma, transe, cravados

no pedestal, condenados
a marchar sem que se movam,

a seguir em ponto morto,
a quedar sempre em seus postos,

com seus limos e seu mofo,
numa impassível viagem

para onde tudo é quieto,
quando o tempo é sempre ontem.

Sangue do meu sangue

A pulga que picou Murilo Mendes
veio pular aqui, na minha rede;
não me perguntem como adivinhá-la,
não há ciência mas eu sei que é ela;

decerto mais vetusta que Murilo,
à sombra das pirâmides do Egito,
picara escribas, sacerdotes, putas,
saltando sobre as altas sepulturas;

para mim é uma honra e uma alegria
pulga assim, tão velha e tão distinta,
sugar-me o sangue e no seu sangue-síntese
juntar-me a tanto e, por conseguinte,

ó ectoparasita hematófago,
o teu salto há de ser minha metáfora
para dizer tudo o que sei do nada
que sei de nossa pouca eternidade.

Sophia de Mello Breyner Andresen

Foi Gastão Cruz quem, em Lisboa, me levou
a ela, a velha senhora, a senhora bela;

era um dia diadema, de azul líquido e sim
simultaneamente matemático;

nenhum de nós morreria naquele outono
de arames claros: a hora como que se curvava

quando Sophia falava, e então
todas as palavras eram números mágicos.

Vida e obra

Repare, Cicero, que os copos se tornam
mais leves quando cheios de vinho.

E, você há de concordar comigo, a cada copo
essa impressão cresce. Deuses, vazio,

canções, vinho: este é um poema sobre poemas
e amizade.

Repare que o mesmo se dá conosco: o peso
faz-se leve em nós se um verso nos acontece.

Dizer adeus amigo

Talvez uma hora, como saber qual?, tivesse
interrompido

o que agora é definitivo. Talvez uma sílaba,
como nas grandes máquinas a peça pequenina.

Tudo era implacável? Rumo definido?
Mas que são decretos antes de serem lidos?

Devia ter sido naquele tempo, antes do destino,
que, talvez um movimento, meu, de alguém,

um remédio, um telefonema, um *e-mail*,
um gesto,

e não pensaríamos agora em coisas absurdas
como Deus e o Universo. Talvez um dia,

qual teria sido?, e tudo fosse diferente, outro caminho.
Mas nada se fez. Tantas vezes nada se faz.

E o marujo seguiu só, sem nós,
que nunca deixamos de amá-lo.

Oboé

É preciso nomeá-lo assim, à distância: o indivíduo;
que, recluso, pouco a pouco se faz surdo e pode,
por isso, baixar em seu aparelho o volume
do mundo e reduzi-lo, se quiser, à mímica
sem sentido que lhe parece ser o sentido de tudo;

o indivíduo mouco transmuta a vida em rádio;
e mais, dizem que é doido quando, se não bastasse,
está constantemente assim, mudo, sem marcas
de dor ou gozo em seu rosto; por fim, a terra
é de cegos mas ele traz os dois olhos bem abertos.

Qual era o nome

A cauda aqui vai
sozinha

à parte
da lagartixa

por prestações
a varejo

e nenhuma cola
fixa

o que se supunha
gêmeo

do que se mirou
no espelho;

é o que digo:
se sou, sou-o

in-
completamente

e discordante, des-
conjunto,

de mim
o quase, somente

este mais não ser
que ser,

metade, nem
falta

sente do que não
carrega,

peso morto,
tralha, palha,

menos que tudo,
incerto,

palha, tralha,
leso, oco,

apenas um braço
basta,

estou bem assim,
sem rosto,

ninguém mais
e nenhum outro.

O círculo negro

Sob sua luz parece nunca ter havido outro tempo
senão tal espiral extrema que tudo estremece: dezembro,
soletro contra o muro; que se me seque a língua

quando não puder sentir a cigarra que zune entre
os dentes quando digo dezembro, dezembro, e
como noutras quadras outros homens pediram

a seus deuses, Tjerme, matador de gigantes, Kali,
mãe divina, piedoso espírito de Ning-Ning,
peço a dezembro, sim,

lembra de mim quando se extinguir toda a juventude
de meus anos, quando nas palmas apertadas ficar
a dor e mais nada à porta da casa,

quando a canção emudecer, empalidecer a luz
e até um grão de mostarda for um peso, na noite
em que as árvores tombarem e a teia de correntes

vier mais alta que meus golpes, não se esqueça
que estivemos juntos na cidade e sobre pedras
sonhamos a água e a erva da estepe.

Números acumulam-se apressados, calendários
vêm bater num rochedo de lembranças e presságios,
singramos a luz das avenidas na curva extrema

que nos devora e tudo se dissolve na espuma que
se esquece e vem à mesa em que vivos e mortos
se reconhecem, dezembros de dezembro.

E um curso d'água

Outra vez o velho jardim
e seus leões de pedra, dois,

como se, um defronte do outro,
velassem não a fonte, mas

o tempo, tempo que não esse
em que os vejo, que não esse

agora em que os escrevo,
mas outro, anterior

aos reis de França e ao galho
mais alto de seus antepassados:

tempo de leões apenas;
ou, mais pretérita, era

anterior aos felinos, quando
tudo foi água e aves

à luz da primeira primavera:
o tempo daquelas pedras.

Victor talking machine

A flor aberta do gramofone por onde amídala
a música passava lisa; havia também o cão
estático diante do aparelho; além de ouvir
a música,

ele podia farejá-la? Talvez até pudesse vê-la
desprendendo-se em borrões, sem entendê-la;
por isso, ouvindo-a por inteiro, algo espantoso
descobrisse,

nunca saberemos, pois nunca saberemos
por inteiro o que seja um cachorro; quem sabe
da música ele captasse o seu estado puro
número

e sentisse o que nela, mais que racional, não
será humano. No fim, o gramofone murchou,
ficou mudo, mas o cachorro permanece
todo atual.

Gaku Tada

Há quem, secretamente e manso,
das pedras e das flores ouça a voz,
na mesma língua em branco

respondendo; pensei nisso quando
olhei nos olhos do menino, ator
de uma pequena trupe de kabuki.

Enterrem os sinos

O assovio dos mísseis ainda soa nos ouvidos,
as cores continuam se desatando em nuvens
se fecho os olhos.

Cavo um túnel, não durmo,
esgoto ou escada qualquer intestino
que me leve

à tua infância ao grito
à água parada do teu pesadelo para quebrar a noite
ao meio

para fugirmos. Sem poder caminhar sobre a água,
levanto esta ponte; mas sei que o certo era
caminhar sobre

o teu coração e
— milagre — de repente
afundar.

Deste ponto, posso avistar o verão de um ano atrás,
ou dois, parece ontem, que entranhou nos teus cabelos
ainda úmidos da chuva pesada

de perfumes. Queria, daqui
do alto, poder tocar o sábado daqueles dias
sem soldados. No aço

apressado e sujo que vai em retalhos
iguais cortando horas semanas, vejo
refletir-se

em pleno salto o fogo o tigre
o louva-a-deus da tua juventude;
não sei de onde vem

e o seu destino,
mas há tempo para que eu me ponha na ponta, nos ombros,
nos escombros de uma velha torre

e assista ao percurso do teu sorriso, nítido,
que logo se confunde com a luz, última visão antes de a noite
cair.

Dance

Ele não é como uma pedra rolando.
Há método nos seus gestos de golfinho
de fonte de vaga de máquina de calcular

o modo como passa ao largo dos aquários
de formol onde os peixes são bois imóveis

faz pensar na surpreendente elegância de um bípede
quando está livre e quando não seja exatamente
de estar sobre os pés que se trata pois num golpe

o corpo sobre uma só pata se sustenta como um gato
que fosse também um pássaro

sobre as ruínas da bolsa modulando de tal modo
que a tela do telefone mal captura sua dança
entre cadáveres no pátio da biblioteca deserta

de onde salta para a escadaria do hospital
em turbilhão sobre pilhas de automóveis e rodopia

retesa enquanto repuxos de sangue aveludam
avenidas que pareciam inquebrantáveis mas
agora castelos em degelo sob pés em desafio:

cada contorcionismo é mais que desespero
e que beleza — é fora do tempo é sem narrativa
é ainda graça leveza cada gesto que

surge

desiludido e certo o dançarino surfa no fogo
e há centenas de milhares de garotos

iguais a ele.

Leia abaixo um dos poemas

Ana diz as palavras faltam quando
mais se precisa delas são apenas a sombrinha
do equilibrista, digo a Ana tantas vezes
sobrevivemos só por saber os nomes

não caímos não morremos, só quem nunca
esteve bambo no trapézio despreza o equilíbrio
zomba do vento, são as palavras que botam
a gente no alto, onde é melhor viver

de onde é melhor cair.

Exorbitar amontoar

Vou chamá-la assim a nossa história: nossa história

de amor, que, escrita em mensagens eletrizantes, plasmou-se
em relâmpagos no espelho do velho computador; acredite,
nosso amor que morreu resiste tecnicamente em disquetes
depois de quase todo apagado de nossa memória,

da sua pelo menos,

e sonâmbulo continua, mesmo perdido em montanhas
de nada e nada; viverá assim por centenas de anos;
desaparecerá, portanto, muito tempo depois de nós
próprios termos desaparecido,

nossa história de amor, eternizada no lixo.

Senhor Capitão

O homem só, a bordo de seu silêncio,
não necessita bens que não sejam velas remos;

língua olhos sexo secam no vento sem vontade
de outra pátria que não o esquecimento;

se o mar tivesse janelas talvez houvesse
outro mundo no qual esse homem descansasse

o seu desprezo;
por onde passa tudo se quebra

grave, mesmo a linha
do horizonte, mesmo o voo das aves.

*

Dona Baleia bela navega sem leme sem vela.
Quisera ser o seu filho, chamá-la mãe
e senhora, ser o pescador pescado
que foi morar dentro dela.

Mixed media

Gafanhoto de muitos metros palmeiral
de ferro Deus inteiramente tripas

ou antiquíssima epopeia mística de mil
de milhares de versos, porém,

a máquina no mar é pequena sob o sol,
na noite, tão menor que a menor estrela;

mas parecerá gigante aos olhos do peixe,
para a boca da anêmona, para a concha

cega que veio agarrar em suas pernas
magras. Diferente dos navios, a máquina

depara com o silêncio sem compreendê-lo;
para tanto, era preciso desligá-la; mas ela,

desligada, seria nada. A máquina, pobre
marinheiro, canta sem descanso entre

nuvens algas.

Sou eu, me deixa entrar

Chama-se Wisława Szymborska.
Exausta, a cabeça na pedra, recosta.
Parece, então, ouvir um cochicho;
aproxima um pouco mais o ouvido:

*

Não mais o sono em que, pedra, permaneço há milênios;
desabotoo em portas e janelas; brunindo-me,
faço em corredores claros o que outrora compacta
indiferença; sem os fáceis da matéria lassa, invento
paredes menos ferozes; contorço, sem avesso, oco

que me tornasse mais leve, como acontece aos fetos,
como deve ser sair de um ovo; dói,
porque não há desabrochar suave, em pétalas, quando
se ignora totalmente a primavera e tudo o que se sabe,
não podes imaginar, é o cavo escuro do chão;

porque não se pode ir às apalpadelas, ao vento,
quando se é uma coisa contra a qual o vento se quebra,
águas se quebram; mesmo sem poder abrir-me às cegas,
pois o risco seria quebrar-me, não há senão prosseguir
em trevas, sem ouvidos, sem cheiro, só o peso,

o letargo sem tréguas que só cabem aos que dormem
inorgânicos, aos que são o caroço e em tudo essa noite
que não se arranca, mesmo se, pedras, translúcidas;
ainda assim, persevero; não conte, senhora: assaltei
as chaves com que os minerais se trancam; transudo

os grãos adversos que me vedavam salas varandas
venezianas e a duras penas avanço contra a brutalidade
empedernida; arquiteto-me, revessa, por querer ser
um "ele", casa aberta a poder dizer como lhe digo agora:

entra!

*

A poeta desperta
ou pensa
que desperta.

Lembra: uma pedra
abrindo-se
a ela.

Está confusa. Que sonho!
Acende um cigarro,
emocionada.

Que belo!
Muito embora a pedra
tenha lhe parecido

um tanto pernóstica.

Só faço verso bem-feito

Nada de nuvens, vamos ao ponto:
o Príncipe dos Poetas está morto.

Nunca esteve tão só,
nunca esteve tão sereno.

Morreu muito velho,
morreu quase eterno.

Que os anjos o guardem.
Que vá para o inferno!

Era eu, era meu mano,
era meu mano, era eu,

tanto verso nós cantava,
hoje meu mano morreu.

Elegias.
Elogios.

O Príncipe dos Poetas está frouxo,
frio.

Está como sempre esteve:
imóvel como um poste.

E, como nunca antes: aéreo. Mais
que isso, marítimo. Repara:

tem ares de quem navega a todo
pano um seu navio-fantasma.

Morreu há pouco
e cheira já a mofo.

Fechara apenas um olho e já
o dente silencioso, anônimo

do vizinho comia-lhe
o cetro, as insígnias.

Sobre a fronte não lhe pousaram
sequer um louro.

Logo sua biblioteca não será senão
estorvo.

Ele, no entanto, parece em paz, livre
de livros, aduladores e críticos.

Nem poeta, nem príncipe, pode-se dizer
que, morto, acabou encontrando

a decantada página em branco
e que se fez dela esposo. Mal

terminado o baile das bodas,
obra e vida não serão mais

que *tabula rasa*,
fábula

insignificante de um peso
morto.

Últimas novidades

Houve o tempo em que se acreditava
no poder da estampa: dizer um nome;
no dizê-lo por escrito o dito era tinta
e espírito unidos a quem o dizia de modo

fisiológico, porque tudo lhe pertencia.
Louca tecnologia a de um tempo aquele
em que se acreditava que o nome assim
escrito pudesse acender uma janela para

tanto todos tudo um mesmo fruto, e nisso
um cinema sem tempo, uma ciência do instante,
o poema, acredite, era o que parecia, que
a felicidade se fabricava nos pertencia.

*

Recebemos um cartão. Onde estará? Havia
um sinal característico, a carta, o papel,
a linha-d'água, era possível segui-la,
ia dar numa árvore, numa cidade; talvez
fosse longe a mão que nos fizesse companhia,
mas o farol, Pequena Ursa, boias de luz
certificavam se era ou não a direção certa;
porque as iniciais no envelope não mentiam,

havia presságios e, logo depois, a prova, bastava
escolher os nomes, saber a data, agitávamos
um lenço e, então, protocolo, métrica, ali-
ança, pantomima, avistávamos no outro
lado o nosso rosto e a terra e o tempo; ou
uma frase qualquer consolava do desgosto
de, afinal, não sabermos muita coisa, tanto
engano, nunca sermos nada, mas nada era
tão terrível assim. Nunca foi de outro modo,
afinal. Recebemos um cartão. Onde andará?
Era uma palavra que dizia exatamente
o que eu pensava.

Talvez hoje

Estranha matéria, que sobe do fundo
à flor da memória camada de espuma
diário de bordo vem quebrar aqui

sobre nosso peito com seu arsenal
de velhas paisagens e gente sem rosto;
se quase podemos tocá-la, não sabemos,

no entanto, em que praça, em que tempo
se dão o abraço o beijo que, talhados
no passado, emergem na água de agora

à maneira de cristais, mas que são vidros
difusos e são doces, matam a sede
e nos matam. Insepultos, ressurgimos.

Pílades e Orestes

Como se caminhassem sobre a pele de uma praia,
no ladrilho dessa pele, podiam ouvir a respiração
repetida na respiração do outro como num búzio
o búzio uma só flauta onde nascia o vento

na voz vizinha que respondia apontando o peito
que o acolhera confundidos na mesma água
que lhes subia pela cintura num tempo demorado,
nem sol nem lua, somente essa quadra, quando

o pensamento desviava de crimes, imolações,
moedas, suas mãos singravam cristais, estrelas,
antes de serem órfãs, livres do medo, rosas
de plástico, abelhas apenas, um

do outro o amigo esperado o oráculo
a cordilheira o bosque a noz o raio estragados
com o doce de se amarem sem que se dissessem,
mas, ali, ombro a ombro, nada havia além deles;

o mundo interrompe suas rodas sem penhor
sem mapas sem o sangue de laços e guerras,
só o grito noturno dos aviões entrechocando-se
no ar sonhar amar não amar saber não saber.

Por enquanto

Imagino a fotografia recuando sob a lente curiosa,
a imagem retraindo-se, antirrevelando-se lábio
cabelo pele tentassem retornar à folha
branca ao tempo branco

de antes do instante-pose-*flash*-clique,
ao tempo-eclipse
imagino
o amante em modos de lobo

por trás da lupa
em busca do que não se fotografa: desejo
fogo águas
para muito mais que seus olhos.

Correspondência completa

A pele nem sempre semelha a água que rápida
refaz sua costura quando passam o barco o nadador

o vento; repara como o instante agarra em nós
sua gelatina e como nos agarramos às pedras

enganados em torno delas areia esperma;
o céu — se nos visse — era todo espanto: a rapidez

com que passamos o corpo que erramos e que
tantas vezes só se recompõe lentamente;

há sempre o risco de nos afogarmos e
— risco maior — não acreditarmos nisso.

Les romanciers étrangers

Ela implorou por um beijo.
Sabia que um só beijo
e tudo estaria bem,
que outro beijo viria,

mais um, outro e tudo mais.
Sim, ela implorou chorando
que lhe desse um beijo e só.
Mas ele disse que não.

Firme e frio, disse que não.
Ele sabia, sem dúvida,
que se cedesse ao pedido
tudo estaria bem e

que outro beijo viria
e ele, decididamente,
não queria. Foi por isso
que ficou daquele modo,

firme, frio. Ela implorava,
olhos inchados, vermelhos,
estava dessa maneira
quando saíram à rua

e ele fingia que nada,
nada havia acontecido.
Mas como ele conseguia
ser assim, intransponível?

Diante dela, parecia
que se convertera em pedra,
pedra inteiramente não,
muro inteiramente muro.

Que fazemos quando alguém
que amamos se faz assim
diante de nosso desejo,
frente a nosso desespero?

Hoje os olhos estão secos.
Ela lembra. E ela entende
que tudo foi bem pior:
porque a pedra não era ele,

porque a pedra era ela mesma,
apesar de toda lágrima.
Sim, ela era a pedra dele,
em que ele a transformara.

Romântica

Quantos de nós quereriam viver não a vida
mas o filme, quando a vida não é vida
e não se morre na morte e o que finda
não apodrece porque logo é outro *set*;

vida em que se passa a salvo de um dia
a outro sem que se viva a semana entre
eles; viver sob as ordens de um destino
por escrito que sabemos previamente

e o vivemos sem vivê-lo. A força dos fortes
que voam; bandos que matam sem matar;
fracos que não desistem; bravos que no fim
se vingam. Tantos de nós desejaríamos

ter vivido e ter amado amores desgraçados,
cuja beleza, tão bela, era mais bela que
a dor e a dor era mais a beleza que o doer.
Queríamos que fosse não a vida, mas

a cena e a canção crescendo no momento
certo da alegria, no instante do beijo,
no clímax. *Close*: quando errássemos,
bem na hora, a voz de um Deus dizendo

corta!

O rigor da simetria

Devia ser maio a cor que nos desenhava.
Só o ar nos vestia, de uma vida mais

leve
que ele.

Naquele instante

Amor só vem mais tarde, amar
só vem depois, amor é quando
tudo se foi, virá no próximo
trem, talvez no ano que vem;

tudo será, por ora, pressentimento,
presságio, bilhete em branco do bem
gratuito para depois de pagos vultosos
tributos de desamor e de nada.

Amarmos começa no fim? Amor
se escreve ao contrário? Roma,
porém, não abrirá palácios senão,
quem sabe, no próximo feriado.

Moroso, é após tudo pronto
o amor, quando, tardiamente,
já não damos por nada ou
damos só tempo ao tempo.

Tão bonita

Inútil, minha Hwang Jin-I, dizer ao rio
é linda a lua sobre as colinas
caindo, para vê-la vale deter-se por um instante.

Não vale a pena, desista, é nada tentar conversar,
tentar convencer, tentar o que seja.
De nada adiantaria dizer ao rio que,

chegando à praia, ele não retornará
e nunca mais verá a montanha que passeia
devagar, a árvore que vai no vento.

De que serve, Hwang Jin-I, passar assim,
com tanta pressa, fluir
tão facilmente?

Paisagem de Olinda

Eu vi um leão no mar,
na pata esquerda um cajado,

o leão no mar estava
de pé, a pino, no espaço;

as nuvens em arabescos
emolduravam o quadro:

contra o céu, a cabeleira,
o sol vinha coroá-lo

rei de um mar sem fim, deserto,
rei sem navio ou palácio;

nem a brisa transtornava
o que se configurara,

nem um ramo de coqueiro
se movia, nem um grão

da praia, convertida em
pátio, em pedra estendida

para que o leão pairasse
sobre ela, sobre os séculos,

diante de mim,
perplexo.

Acima de tudo o boi

Os chapéus parecem andar sozinhos;
mas a paisagem é ainda mais fantástica
quando chove e cogumelos deslizam
negros no espelho que então se estende

pela Place de la Concorde e se fecham
e desabrocham e correm sabe-se lá para
onde; ver o mundo e entender o tanto
que se esconde é melhor sem folhas

embora nua a noite fique assim tão fria
com seus esqueletos agarrados nas ilhas
de luz dos postes que gentis são guardas
monótonos, sempre de dieta e paletó;

mais divertidas vão as sombras que se
espicham quando o sol cai nas calçadas
onde a bicicleta é ela mais duas rodas
se uma claridade quadrada vem apanhá-la

e uma carroça parece uma carruagem
fantástica; na vizinhança de tais alegrias,
rumino certos pensamentos e monotonias,
o movimento, por exemplo, não é mais

que efeito do vento; o corre-corre, o lusco-
-fusco, o *zigzag*, ilusão de nada encobre
o certo: que as coisas são preenchimento
momentâneo de um pasto vazio, outros

chamarão deserto, alma, onde assisto
a pequenas euforias flores tabuletas
nuvens de cigarro correria gatos e
sobretudo as máquinas do progresso;

balões gigantes debruçam encantos
e futuras bombas sobre mim, sobre
as chaminés, as noivas e os rabinos;
dos balões pode-se ver minha solidão;

cabeças de edifícios não pensam mas
nelas pensa-se melhor porque daqui,
mais alto que o mais alto galinheiro,
avistamos o teatro inteiro; tudo assim

é pequeno; coisas me perguntam a razão
de elas estarem ali ou então sou eu
que lhes pergunto a razão de estar
aqui, porque é sempre espantoso,

cada coisa vive estranha e sem razão
nenhuma; mas nada supera a liberdade,
poder estar assim, exilado e livre,
doido, sinfônico, chifre-chafariz sobre

a cidade boquiaberta, boi sem igual,
sem causa, sem meta, dos telhados
de Paris ver girar num salto-
-mortal a Terra.

Boi de outro modo

Era uma vez um boi nos telhados de Paris.
Ninguém não falava a língua dele mas
todo mundo nos bistrôs ó que delícia
exótica, de modo que ele achava sorte

estar na boca de um povo tão iguaria.
Via os casacos de pele das *mademoiselles*
e achava bem que vistoso, nem desconfiava
que triste que é o destino dos bichos.

Uma feita ele cantou vem mulata vem
comigo vamos ver o Carnaval eu quero
gozar contigo esta festa sem rival o povo
todo dançou a francesada dizia van-

guarda vanguarda! Aquilo tudo era novo
nos olhos do tempo antigo das gentes que
só sabiam boi no pasto, nunca no coco
dos telhados dançando tango e maxixe.

Uns achavam de mau gosto, outros
genial boi assim boi sem lei que nem
flor-de-lis que nem sabiá. Boi êh boi
nos telhados de Paris! Vai que um dia

pegaram ele cortaram ele comeram carne
moeram osso, formiga não tem caroço,
botija não tem pescoço, depois do pasto,
cantaram sinfonia, fizeram uma poesia.

Êh Paris! Noite azul de estrelas no rio de Londres.
Era uma vez um boi, era uma vez um século.
Que me diz, seu perdiz? Digo nada, nunca mais.
Quem conta história de dia cria rabo de cotia.

Vai se chamar alegria

A alquimia a química a fábula a sílaba:

qualquer mendigo mudado em Midas
fizesse o pão voltar ao grão o grão à espiga
a espiga à plantação a cabeleira ao vento
à goela retornasse o não e num vômito invertido
convertido então na quintessência da aquiescência
em signo que se exibisse como insígnia da simetria
entre o amor e o nojo à maneira de irmãos
siameses em harmonia de irmãos-alegoria e deles
a fácil tradução fosse isso: qualquer um de nós
mudado em Midas, imagine, as feridas todas
transmudadas em orquídeas e nos escombros
e nos mocambos e sob os viadutos pátrias
surgissem banhadas no ouro das antigas igrejas
agora sem Deus só química a alquimia da fábula

transformada em alegria.

Turístico de Lisboa

Ainda hoje é como se O'Neill nos convidasse para subir
e descer a avenida da Liberdade à espera de outra vida
ou da outra vida, porque é sempre como se houvesse
uma coisa e outra no fim de qualquer avenida, até

mesmo, até exatamente, essa que descemos e subimos
com indisfarçável pressa sem conta do que perdemos,
pequeninas maravilhas dispersas pelas calçadas, e
partíssemos agora todo o tempo outra vez à procura

de novas terras, estradas além que, por fim, levarão a
nada, mas restarão, talvez console, nomes enganos
ambiguidades, mas clara como verso claro esta cidade
o é como um livro que, contrariando o velho Mallarmé,

não será nem quer o infinito. Antes, à vista deixa início,
cada capítulo e epílogos em letras miúdas que se podem
ver num só golpe de olhos que saibam minimamente
distinguir tantos tons de terra e luz, ainda que a tantos

não passem de mera obviedade os telhados e este azul,
antiquíssimos, de quando ainda se pronunciavam todas
as vogais. Deviam pôr o aviso nos aeroportos rodoviárias
estações marítimas agências de viagem casas de câmbio

pontos de táxi hotéis pensões no verso dos postais
nos cartões de telefone nas notas de pé de página
nas folhas de rosto nas orelhas dos livros nos alarmes
dos envelopes nos *free shops shoppings* toda sorte

de lugares e objetos que nos deixam abertos à ilusão:
Lisboa, diferentemente de Paris, é cidade dos amores
desfeitos, sítio de desencontros, é o que diz a rapariga
ao seu amigo que eu não posso ver assim de costas

numa mesa d'A Brasileira. Brasileiros parecem estar
sempre de costas para os portugueses. Viro-me para ver
o movimento, bando de gentes e, reparo, de seus sapatos
pássaros deslumbrados se desatam, como num poema,

parecido com outro, e há um fado que toca enquanto
desço pelos Armazéns do Chiado para o Elevador
de Santa Justa, esta que devia ser a padroeira da cidade
(apesar daquela história triste dos desamores).

Muda-se o Carlos Mendes de Sousa

Donde se veem os telhados,
foi o que me disse.

Imagino então o vermelho das telhas,
mordidas por um céu largo,

e a luz, que há de ser um terraço.
A caixa dos correios

é pequena? Melhor assim,
cabem só livros magros

de poemas.
Seja feliz aí em Braga,

nesta rua de nome iluminado:
do raio.

À moda Lina

O projeto

era vestirmo-nos a nós a tudo com fábricas praças
cadeiras casas cortadas com nosso número de modo
a sermos a cidade-Lina ali na medida de mangas retas
e silhuetas largas onde todo gesto fosse justo digno;
contra o vazio, um signo.

No museu

o vão levanta acima do chão sem mágica
com a só matemática explícita dos braços
do abraço: a caixa, para que sob o vão livre
vá a vida sempre vária e tantas vezes vã,
vã como jamais seria se tudo se fabricara

na fábrica

de Lina; na fábrica-prédio, não na metáfora,
vazios se abriram como na trama de um tecido
e o tempo desapareceu entre manufaturas
ferro tijolos utilidades que à mais alta arte se
industriaram.

Nuvens cobrem a cidade de São Paulo

Um antigo poeta defini-la-ia agora Messalina
envolta em véus, ou que, sob o tropel surdo
do céu tudo se oculta nada se oculta nesta hora

erradia em que pequenos homens de negócio
tentam solucionar problemas como a difícil relação
entre lâmpadas e interruptores nos seus quartos
de hotel em que grandes homens de negócio voam
para casa de helicóptero em que os críticos literários
de cinema seguem para o jornal de velocípede
em que poetas vão para os raios que os levem
de dromedário quando nuvens amonturam-se

e logo para outros horizontes viajam com as próprias
não pernas não asas inteiramente elas e tão novas
que nunca um dia se viram no Tietê;

nuvens convocam nuvens sobre a cidade de São Paulo,

manchete alarmante, desconcentram lançam ao vento
extraviam clarescurecem, não lemos notícias gráficos
não avistamos o crescimento do comércio o cardume
de operários opalescentes gerentes calçados em lírios
meus amigos sem êxtase nem país das fadas só romances

de terno e máquina e este som vazio
sob
nuvens sobre o mapa nada mais que nimbos brancos cortados
pela asa;

água fumaça poeira nublam a metrópole
de silêncio, leveza, lentidão; feridos de cegueira,
podemos imaginá-la imenso jardim de cerejeiras

ou tangerinas, como queira, ou vazia e negra,
um vulcão no centro, nenhum edifício
ou milhões

de prédios de papel colorido, é fácil sonhá-la
como sonhamos que devia ser a cidade da infância
desarmada, a vila antiga, de mãos abertas

para vivermos ali um dia férias em Tóquio, terras
frias, distantes, que talvez estejam lá onde alvejada
por incríveis alvuras não divisamos a caravana de miseráveis,
o relógio de ouro espetado na ponta do nariz,
ignoramos se é superpovoada

sobrenumerável;
nuvens nuvam nuvolejam sem planos, estão aqui
por acaso, a cidade não lhes diz respeito,

se escapamos da mosca e fomos devorados
pela aranha que amamos não lhes interessa

e partirão
levando seu desprezo pela permanência
das coisas, pela pressa dos homens, as nuvens não
estarão,

não estão nem aí para São Paulo.

Imagens de urubu

Largo único vai o urubu puro Le Corbusier
seu apuro sobre a baía sulfúrea o horizonte purpúreo

disciplina
e fome

dependuradas no vento sobre ruas aturdidas difusas
enquanto o crepúsculo, Medusa paciente, lentamente

cai.

Tudo vai terminar bem

Rogai por nós Mercearia Nossa Senhora das Graças
Café e Restaurante Nossa Senhora de Fátima
por nossas alegrias Padaria São Jorge
Imobiliária São Jorge Vidraçaria São Jorge

porque jamais voltaremos à casa dos nossos dias
rogai por nós Maternidade Santa Maria Clínica
Pediátrica São Boaventura Casa de Repouso
São Bartolomeu olhai por nós

Clínica Oftalmológica São Judas Tadeu
Instituto de Beleza Santa Inês imploramos
amor e cremos sempre outra vez Depósito
de Bebidas São Pedro Autoescola São Cristóvão

quando estivermos sós, e só, ó cidade de São Paulo
tende piedade de nós na hora de nossa morte
rogai por nós Cristo Redentor Avenida
Nossa Senhora de Copacabana.